LA PREMIÈRE CHARTE

DE

COUTUMES DE MONTFERRAND

PAR

E. TEILHARD DE CHARDIN

(Extrait des *Annales du Midi*, tome III, année 1891.)

TOULOUSE

IMPRIMERIE ET LIBRAIRIE ÉDOUARD PRIVAT

45, RUE DES TOURNEURS, 45

1891

LA PREMIÈRE CHARTE

DE

COUTUMES DE MONTFERRAND

PAR

E. TEILHARD DE CHARDIN

(Extrait des *Annales du Midi*, tome III, année 1891.)

TOULOUSE

IMPRIMERIE ET LIBRAIRIE ÉDOUARD PRIVAT

45, RUE DES TOURNEURS, 45

1891

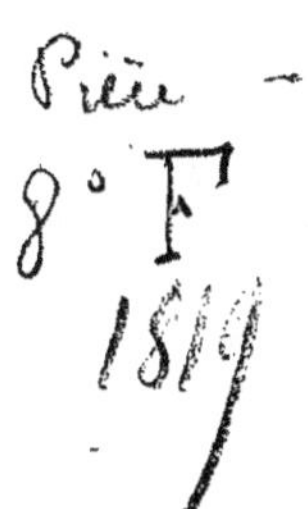

LA PREMIÈRE CHARTE

DE

COUTUMES DE MONTFERRAND

Cette charte est inédite, mais elle était connue par ses
filiales dont plusieurs ont été publiées durant ces dernières
années. Ainsi elle avait fait école et joui de son temps d'une
certaine célébrité. Elle fut donnée aux habitants de Montferrand par un certain comte Guillaume et sa mère dont nous
aurons à reparler. Mais l'original ne nous est point parvenu.
La pièce reproduite ici est un vidimus d'une confirmation
faite par Guichard de Beaujeu. Le vidimus, aux noms de
Hugues, abbé de Saint-Allyre de Clermont[1], et de Pierre[2],
abbé de Saint-André de Clermont, est du 9 septembre 1273;
la confirmation de Guichard de Beaujeu du 10 février 1248,
vraisemblablement 1249 de notre style; dès le commencement
du quatorzième siècle et beaucoup plus tard le style de l'An-
nonciation était en usage à Montferrand et, croyons-nous, à
Clermont. Aussi dirions-nous 1249 avec certitude, n'était que
le style de Noël ou du 1er janvier n'était pas inconnu à Clermont à la fin du douzième siècle. Quant au corps même de la
pièce, il n'est point daté.

1. Hugues de Cussac (*Gall. christ.*, t. II, p. 326).
2. Probablement Pierre Teyssier. Il aurait été abbé plus tôt que ne le
pensent les auteurs du *Gall. christ.*, qui donnent son élection comme de
1274 (t. II, p. 442).

Cette pièce fait partie du fonds de Montferrand, aux
archives municipales de Clermont-Ferrand. C'est un parche-
min en bon état de 0ᵐ570 de hauteur sur 0ᵐ503 de largeur. Il
comprend trois colonnes d'une écriture soignée et très lisible,
quoique un peu pâlie. Il a été scellé sur repli des sceaux des
deux abbés. Un seul subsiste, celui à la droite du lecteur. Il
représente un personnage avec une crosse. De la légende, il
ne reste que ces lettres : E. CLAROM. C'est vraisemblablement
le sceau de l'abbé de Saint-André. Il est sur double queue ; l'at-
tache est un cordonnet dont la couleur primitive a probablement été rouge. Au dos sont plusieurs mentions d'époques
différentes : d'une écriture de la fin du quatorzième siècle ou
du commencement du quinzième : *ayssi sunt contengut una
partida des privileges de Monferrant dins aquesta prezant
lettra*. Puis, d'une écriture du seizième ou dix-septième siècle, employant les caractères gothiques : (M) CCXLVIII et
M CC LXXIII. Enfin, d'une écriture moderne M. b. 5. Ces
derniers caractères sont probablement de la main de M. Ma-
zure qui, ayant fait un inventaire des archives de Clermont,
avait probablement commencé à dépouiller celles de Montferrand qui y sont jointes maintenant, ayant été apportées à
Clermont en 1846, conséquence naturelle quoique tardive de
l'union des deux villes.

Comme nous l'avons dit, les coutumes mêmes n'ont point de
date. Il faut donc essayer d'y suppléer par induction. Pour
cela, la première chose à faire est évidemment de savoir quel
est ce comte Guillaume et sa mère qui donnent conjointement
ces coutumes. En remontant l'histoire à partir de 1249, date
de leur confirmation par Guichard de Beaujeu, le premier
seigneur de Montferrand du nom de Guillaume est Guillaume
fils de Dauphin. Du nom de sa mère, on ne connaît que l'ini-
tiale ; dans son testament, elle s'intitule G., comtesse de Montferrand[1]. Cette mention si brève est pourtant suffisante dans

---

1. *Histoire généalogique de la maison d'Auvergne*, par BALUZE (1708),
t. II, p. 256. Nous désignerons désormais cet ouvrage par les initiales :
H. M. A.

le cas actuel. Nous avons là une femme portant le titre de
comtesse de Montferrand avec un fils du nom de Guillaume.
Ces deux personnages peuvent donc être identifiés avec les
donateurs de nos coutumes ; d'autres peuvent-ils l'être égale-
ment ? Pour trouver un autre Guillaume, seigneur de Montferrand, il faut remonter jusqu'à Guillaume VII [1], grand-père
de celui dont nous venons de parler, car Montferrand appartint
toujours à la branche aînée de la famille des comtes d'Auvergne jusqu'au mariage de Catherine, fille de Guillaume, fils de
Dauphin, avec Guichard de Beaujeu en 1223 [2]. La mère de
Guillaume VII nous est complètement inconnue. Précisément
pour cela il est impossible de prouver directement qu'elle n'est
point la mère du comte nommé dans notre pièce. Il serait tou-
tefois peu vraisemblable que la même situation politique se
soit reproduite deux fois dans la même ville avec une répéti-

1. Pour la commodité du lecteur, voici un tableau montrant la filiation
des personnages dont nous avons à parler. Après les enfants de Guillaume VII, nous n'avons reproduit que les noms intéressant directement
cette étude.

Guillaume VII, ép. N., fille de Guigues IV d'Albon.

Dauphin, ép. G.   Assalide, ép. Beraud de Mercœur.   Marquise, ép. H. de Polignac.

Guillaume, marié plusieurs fois.

Robert-Dauphin   Catherine, ép. Guichard de Beaujeu.

Louis de Beaujeu.

Dauphin est le troubadour que Dicz et Bartsch appellent à tort
Robert Ier. Assalide fut chantée par Peirol, Perdigon et Pons de Chap-
teuil. Marquise est l'héroïne d'une anecdote rapportée par les biographes
de Guillaume de Saint-Didier. Camille Chabaneau, *Les Biographies des
Troubadours*, pp. 58 et 59.

2. Pour le prouver, il suffit de remarquer que dans un acte de 1145,
dont nous parlons quelques lignes plus loin, Guillaume VII stipule pour
Montferrand et l'évêque Aimeri pour Clermont. Baluze a publié cet acte.
Il a pourtant cru, trompé par son titre de comtesse de Montferrand, que la
femme de Dauphin avait apporté cette ville à son mari. Guillaume VII
est du reste fréquemment désigné par le titre de comte de Montferrand.

tion du même nom; surtout Guillaume VII étant seul seigneur de Montferrand dès une date comprise entre le 1er août 1145 et Pâques 1146[1], il faudrait reporter notre charte avant cette époque et la faire antérieure d'un demi-siècle aux autres coutumes municipales de l'Auvergne, ce qui est totalement inadmissible.

Nous pouvons donc en toute sécurité identifier les donateurs de notre charte avec G., femme de Dauphin, et Guillaume, son fils, ce qui nous permettra d'enserrer sa date dans un espace de temps assez court. Mais nous croyons devoir donner d'abord quelques éclaircissements sur un petit problème historique d'où pourrait résulter quelque obscurité. Nous avons dit que jusqu'en 1223 Montferrand appartint toujours à la branche aînée des comtes d'Auvergne; comment donc se fait-il que Dauphin, qui survécut longtemps à sa femme, n'intervienne pas dans un acte concernant une ville de son patrimoine? Il faut, pour l'expliquer, admettre que de son vivant Dauphin a fait à sa femme donation de Montferrand. Nous n'avons point cet acte, mais il n'aurait rien d'inusité dans cette famille.

Quelques années plus tard, en mai 1212[2], Guillaume, fils de Dauphin, par un acte identique à celui que nous devons supposer, donna la même ville à sa femme Isabelle et, après elle, à ses enfants nés ou à naître, créant ainsi au profit de sa femme et de ses enfants une situation semblable à celle dont lui et sa mère avaient bénéficié. En effet, après la mort de celle-ci nous le voyons disposer en maître des revenus de Montferrand pour l'acquittement des legs faits par elle[3]. L'existence d'une donation faite par Dauphin au profit de sa femme nous paraît évidente; mais, quoi que l'on puisse penser de cette explication, les deux faits qu'elle a pour but de concilier, propriété de Montferrand par Dauphin, jouissance de Montferrand par sa femme, à la fin de sa vie, sont absolument certains.

Nous avons reconnu le comte Guillaume et sa mère; il

1. H. M. A., t. II, p. 64.
2. H. M. A., t. II, p. 776.
3. H. M. A., t. II, p. 258.

importe de voir en quelle limite de temps ce que nous savons de ces deux personnages nous permet d'enfermer notre charte. G .., comtesse de Montferrand, fit son testament en 1199. En juin de la même année elle était morte, car à cette date son fils engagea les revenus de Montferrand pour l'acquittement des legs contenus en son testament [1]. Donc, pour la date extrême la plus rapprochée de nous il n'y a point d'incertitude. La charte de coutumes est antérieure au 1er juillet 1199. Pour la date la plus éloignée, il y a plus de difficultés. Nous avons tenté d'arriver à un résultat approximatif en cherchant à quelle époque le comte Guillaume a été d'âge à y intervenir. Le nom de Dauphin apparaît dans l'histoire en 1166, dans un acte où il est associé à celui de son père Guillaume VII [2]; celui de Guillaume, fils de Dauphin, en décembre 1196 [3], associé à celui de son père et de son grand-père ; enfin, celui de Robert Dauphin, dans un acte d'avril 1223 [4], dans les mêmes conditions, c'est-à-dire associé à celui de son père Guillaume. Un nom nouveau apparaît donc dans les actes au bout d'une période de vingt-sept à vingt-huit ans. Il semble en résulter que dans les usages de cette famille, l'héritier était associé aux actes à partir de sa majorité. En Auvergne, la majorité féodale était vingt et un ans [5]. Mais Baluze publie dans ses preuves deux actes de 1166, l'un de Guillaume VII seul, l'autre de lui et de son fils Dauphin [6], ce second acte n'étant guère que le premier un peu plus développé. Il semble n'en être que la confirmation et avoir été motivé par le désir d'y faire intervenir Dauphin pour en assurer la validité. Celui-ci aurait donc atteint sa majorité entre

1. H. M. A., t. II, p. 258.
2. H. M. A., t. II, p. 63.
3. H. M. A., t. II, p. 261.
4. H. M. A., t. II, p, 255.
5. Chabrol, *Coutume d'Auvergne*, t. II, p. 149, et t. III, p. 191.
6. Ces deux actes sont un accord avec l'abbaye de la Chaise-Dieu. Baluze n'a point reproduit la date du second, mais au tome I, à la vie de Dauphin, il dit qu'il est de 1166. Du reste, comme le nom de Dauphin apparaît dans un acte de 1167, imprimé à la suite du précédent, notre raisonnement subsisterait à quelques mois près.

ces deux actes, c'est-à-dire dans le courant de 1166. Du reste, comme Dauphin vivait encore en 1234, on ne peut guère lui supposer plus de vingt et un ans en 1166. Placer son mariage dès sa majorité c'est lui donner une date très hâtive. Dans ce cas, Guillaume aurait pu naître en 1167 et être majeur en 1188. Cette date nous paraît ainsi la plus éloignée de nous que l'on puisse raisonnablement admettre. Elle est donc de l'une des douze années qui s'étendent de 1188 à 1199. Mais à laquelle ou auxquelles de ces douze années devons-nous plus vraisemblablement la rapporter? Le serment fait par l'évêque Robert aux habitants de Clermont[1] dit que pour le vol on suivra les bonnes coutumes de Montferrand : *dels layronicis sera segunt las bonas costumas de Montferrant.* Les coutumes préexistant en général à leur rédaction, cela ne prouverait pas à la rigueur que notre charte fût publiée à la date du serment. Cependant, si l'on réfléchit que nous sommes dans la période où elle fut sûrement publiée, il est difficile de ne pas voir dans le passage ci-dessus un premier écho de sa réputation. Elle serait ainsi antérieure au serment prêté aux habitants de Clermont, c'est-à-dire à l'octave de l'Ascension, autrement dit au 14 mai 1198.

Nous avons vainement essayé d'arriver par d'autres considérations à plus de précision ; les résultats ont été trop hypothétiques pour être rapportés. La date des coutumes citées comme modèles ne nous donne non plus aucune lumière sur cette question. La rédaction de celles de Montpellier que nous possédons est de 1204 et de 1205[2] ; celle des coutumes du Puy est de mars 1219[3], toutes deux, par conséquent, postérieures

1. L'original est aux Archives départementales du Puy de-Dôme. Cet acte a été publié dans la *Notice historique de la cathédrale de Clermont-Ferrand,* par B. Gonod (Clermont, Thibaut-Landriot, 1839), et dans l'*Histoire des institutions d'Auvergne,* par F.-H. Rivière, t. II, p. 239. Nous désignerons désormais ce dernier ouvrage par les initiales I. A.

2. Adolphe TARDIF, *Le Droit privé au treizième siècle, d'après les coutumes de Toulouse et de Montpellier,* 1886.

3. *Stephani Baluzii Tutelensis Miscellanea,* édition de Mansi, Lucæ MDCCLXII, et au premier volume, p. 208, de la *Chronique d'Etienne Medicis,* publiée par M. Augustin Chassaing.

à notre charte. Sous la forme provençale de *Salvanhec*, M. Augustin Chassaing a heureusement reconnu Souvigny en Bourbonnais. Il nous écrit : « La charte, ou plutôt les chartes de Souvigny, jouirent en leur temps d'une grande réputation. Elles n'ont pas été publiées à ma connaissance, peut-être même sont-elles perdues. »

En résumé, la première charte de coutumes de Montferrand date des dernières années du douzième siècle.

Elle est très certainement antérieure au 1er juillet 1199 et ne peut guère être antérieure à l'année 1188.

Enfin, très probablement, elle est antérieure au 14 mai 1198 et postérieure de quelques années à 1188, date qui suppose un mariage très hâtif pour Dauphin.

Nous sommes sans indications sur les causes qui ont amené la publication de ces coutumes. La force des bourgeois s'accroissant avec leurs richesses a probablement joué à Montferrand le même rôle qu'ailleurs dans le développement des franchises municipales. En tous cas, nous pouvons suivre les traces des dissensions entre les habitants et les seigneurs de Montferrand pendant tout le treizième siècle. En 1231, Guichard de Beaujeu garantit le comte Guillaume, son beau-père, de toutes les réclamations auxquelles il pourrait être exposé de la part des habitants de Montferrand, à cause des discordes qui ont eu lieu entre eux et le comte[1]. Ce qui suit se rapporte plus directement à notre sujet. Dans une lettre sans date, les habitants de Montferrand exposent à saint Louis leurs griefs contre Guichard de Beaujeu, entre autres de n'avoir pu obtenir de lui que le remboursement de 5,000 sous sur 20,000 qu'ils lui ont prêtés ; ils déclarent, en outre, lui avoir donné 20,000 sous : « *per nostres usatges sahelar et tener e gardar*[2] ». Il y a là une allusion évidente à la confirmation dont nous publions ici le vidimus. Enfin, les chartes de Louis de Beaujeu, de 1291, furent précédées de débats dont le récit appartient à leur histoire.

1. H. M. A., t. II, p. 264.
2. Arch. nat., J 320, n° 92. Publiée par M. Paul Meyer : *Recueil d'anciens textes bas-latins, provençaux et français*, p. 171.

Nous avons en commençant fait allusion aux filiales de la première coutume de Montferrand. La plus ancienne que nous connaissions est celle de Saint-Vallier, 1204, samedi après la Toussaint[1]. Ce saut rapide d'Auvergne en Dauphiné ne doit pas étonner, André Dauphin, qui donna la charte de Saint-Vallier, étant proche parent du comte Guillaume, petit-fils de Guigues IV d'Albon, son cousin issu de germain, croyons-nous. Celle de Saint-Bonnet-le-Château[2] procède de celle de Saint-Vallier. En Auvergne, la première charte de Riom, de mars 1248, comprend un grand nombre d'articles conformes à ceux de notre charte et l'intention de l'imiter est formellement reconnue dans le préambule[3]. Celle de Besse, de mai 1270, est presque calquée, fond et forme, sur notre même charte[4], sauf qu'il n'y a point de constitution de consulat. Les coutumes de Maringues, de mai 1225[5], et d'Aigueperse, janvier 1375, n. st.[6], paraissent s'en être inspirées pour le tarif des droits sur les marchandises. Naturellement, presque tous les articles de cette charte primitive ont passé dans la charte de Louis

1. *Petite Revue des bibliophiles Dauphinois,* janvier et février 1870, et en partie dans P. Meyer, *Recueil d'anciens textes,* p. 173.

2. Une confirmation de cette charte par Jean de Chatillon, mari de Dauphine, dame de Saint-Bonnet, de mai 1270, a été publiée dans l'*Histoire de Saint-Bonnet-le-Château,* ouvrage anonyme des abbés Langlois et Condamin, t. I, p. 74. Une autre confirmation de novembre 1272 par Pierre de la Roue, autre mari de Dauphine, a été publiée dans l'*Histoire des ducs de Bourbon,* du chanoine de la Mure, édition Chantelauze, t. III, p. 74, et reproduite par M. P. Meyer, *Recueil d'anciens textes,* p. 173. L'origine de la première de ces pièces est aux Archives de la Loire, celui de la seconde aux Archives de la Diana. — Je saisis cette occasion de témoigner ici ma reconnaissance à M. Vincent Durand, secrétaire de la Diana. C'est à sa complaisance que je dois les renseignements précédents; c'est lui aussi qui m'a signalé le premier la parenté entre les chartes de Saint-Vallier et Saint-Bonnet-le-Château et celle de Montferrand.

3. Arch. nat., J 273, nᵒ 2. Publiée pour la première fois dans I. A., t. II, p. 249. Un meilleur texte, donné par M. J. de Laborde, figure dans *Layettes du trésor des chartes,* nᵒ 3755, t. III, p. 58 et suiv.

4. H. M. A., t. II. p. 511. — Chabrol, *Coutume d'Auvergne,* t. IV, p. 93. — I. A., t. II, p. 272.

5. *L'Art en province, Revue du Centre,* juillet 1858, p. 191. — I. A., t. II, p. 240.

6. Chabrol, *Coutume d'Auvergne,* t. IV, p. 9. — I. A., t. II, p. 457.

de Beaujeu qui l'a remplacée [1]. Enfin, la coutume de Lapeyrouse, près de Montaigut-en-Combraille(Puy-de-Dôme), de 1260,
est la reproduction pure et simple, en un dialecte un peu plus
septentrional, du texte que nous publions plus loin [2].

Nous n'avons pas ici la prétention d'avoir été complets. Ces
quelques indications suffisent à prouver que la première coutume de Montferrand jouit de son temps d'une grande influence, ainsi que nous l'avons annoncé en commençant. Faire
l'histoire de cette influence demanderait un examen appro-
fondi des chartes municipales du centre de la France. A Montferrand même, après un siècle environ, cette charte fut remplacée par celle de Louis de Beaujeu. Elle tomba dans un
profond oubli et n'est jamais citée dans les pièces que les consuls invoquent à chaque procès pour prouver leurs privilèges [3].

Nous avons fait notre possible pour reproduire exactement
le texte. Bien entendu la numérotation des articles est notre
fait. Nous n'avons eu en général qu'à nous laisser conduire par
le sens et par les capitales du texte. Ces deux guides se sont
trouvés insuffisants pour les articles énumérant les droits sur

1. *Ordonn.* t. XIV, p. 206. Etienne Pradal, consul de Montferrand, a
mis en français les Privilèges de Montferrand. Il y a réuni les articles de
la Charte de L. de Beaujeu et divers autres privilèges accordés par le roi à
la ville. Ce travail est daté du 25 août 1496. L'original existe aux Archives
municipales de Clermont-Ferrand. Il a été publié par M. Desbouys, dans
les *Tablettes d'Auvergne*, année 1847, avec tirage à part, et dans les I A.,
t. II, p. 338.

2. Cette charte a été publiée par La Thaumassière, *Cout. loc. du Berry*,
pp. 97 et suiv. Le texte, curieux au point de vue linguistique, a été très
maltraité par l'éditeur; on pourrait facilement le restaurer par la compa-
raison avec le nôtre.

3. Le texte de notre charte a été connu par Raynouard, mort, comme
on sait, en 1836, qui le cite dans plusieurs articles de son *Lexique roman*,
notamment aux mots *chancera* (II, 391), *essepar* (II, 380) *guarentizia*
(III, 430), *peazo* (IV, 472) et *veda* (V, 474). Dans les trois premiers cas,
il désigne ainsi sa source : *Charte de Montferrant de* 1240. Il ne faut
voir qu'une faute d'impression dans la date 1240, au lieu de 1248 ou 1249.
Comme la *Charte de Montferrant* ne figure pas dans la *Table des ouvrages
cités*, nous sommes réduits aux conjectures sur la provenance du texte
que Raynouard a eu entre les mains.

les marchandises. Le sens y permet tous les groupements, et
l'emploi de ce que j'appellerai, faute de mieux, des demi-ma-
juscules, produit une certaine incertitude. J'ai adopté alors
les divisions faites par Étienne Pradal.

Nous nous sommes, suivant l'usage, servi du mot charte pour
désigner ces coutumes ; si l'on prenait le mot dans son sens
diplomatique il ne serait pas exact : elles n'ont point la forme
d'une charte, mais seulement d'un texte législatif. L'original
était-il ainsi ou sa substance seule nous est-elle parvenue?
Nous ne nous hasarderons point à nous prononcer. Nous
ferons seulement remarquer que c'est sous une forme identique que nous sont parvenues les coutumes de Clermont[1].

E. Teilhard de Chardin.

Il nous paraît utile de compléter l'intéressante introduction
mise par M. Teilhard de Chardin en tête du texte des coutumes de Montferrand en signalant quelques filiales qu'il n'a
pas connues et en précisant le rapport de quelques autres
avec la charte-mère. Les filiales indiquées par M. T. de Ch.
sont, on se le rappelle : Saint-Vallier, Saint-Bonnet, Riom,
Besse, Maringues, Aigueperse et Lapeyrouse. La charte d'Aigueperse est bien tardive (1375) pour qu'on puisse la rattacher
avec vraisemblance à la charte primitive de Montferrand ; les
ressemblances proviennent sans doute de la charte de Louis
de Beaujeu. La charte de Lapeyrouse, en langue vulgaire,
est littéralement identique à celle de Montferrand, *mutatis
mutandis*, et dans les formules finales il y a une référence posi-
tive aux coutumes de Montferrand : elle ne donne pas lieu à
d'autre observation. La charte de Maringues, en latin, a certains rapports frappants avec Montferrand, et il est évident
que les rédacteurs ont dû connaître notre texte. Mais dans
l'ensemble et dans les détails, il y a beaucoup de différences,
l'ordre n'est pas le même, il y a beaucoup de dispositions dans
Maringues qui ne se retrouvent pas dans Montferrand, ou

---

1. Savaron, *Les Origines de Clermont*, éd. de Durant, pp. 369-80.

même qui sont en contradiction avec ce dernier texte ; la filiation est en somme assez éloignée. Reste à étudier de près Saint-Vallier, Saint-Bonnet, Besse et Riom.

La charte de Saint-Vallier. telle qu'elle a été publiée, comprend quarante articles : le premier contient le préambule, analogue à celui de Montferrand, mais beaucoup plus court, et où la mention de Montpellier, Le Puy et Souvigny est remplacée, par celle de Montferrand. L'article 2 est ainsi conçu : *Li pea tals quals i es dona 1 carta de frumen l'an, vendent et comprant.* A cela se trouvent réduits les articles 1 à 6 de Montferrand. Les articles 3-39 correspondent à 7-80 de Montferrand, sauf que 6 et 35 ne sont pas dans Montferrand, que 16 = 99, et que rien ne représente dans Saint-Vallier 12-14 et 51-54 ; l'ordre est le même, sauf une légère interversion vers la fin (36 = 80). Il faut noter que Saint-Vallier a quelques variantes légères ou un texte un peu abrégé ; en outre, les articles 4 (= 8) et 16 (= 99), qui correspondent pour leur objet au texte de Montferrand, adoptent des dispositions toutes différentes. Enfin, l'article 40 est particulier à Saint-Vallier. Le seigneur de Saint-Vallier n'a donc accordé à ses hommes qu'une partie des coutumes de Montferrand, puisque les articles 51-54, 81-100 et 102-125 ont été laissés de côté.

La charte de Saint-Bonnet, comme on l'a remarqué, suit de très près celle de Saint-Vallier : ainsi, son art. 5 est un abrégé de l'art. 6 de Saint-Vallier, qui manque dans Montferrand ; l'article 14 est à la même place que l'article 16 de Saint-Vallier (99 de Montferrand) et le reproduit exactement ; l'article 3 est identique à 4 de Saint-Vallier contre 8 de Montferrand ; cependant plusieurs articles sont omis. En revanche, à partir de l'article 28, Saint-Bonnet emprunte à Montferrand un grand nombre de dispositions qui manquent à Saint-Vallier. Les rédacteurs ont donc puisé à la fois dans Saint-Vallier et dans Montferrand ; mais ils l'ont fait avec réserve pour cette dernière source. Sans parler de quelque articles modifiés au profit du seigneur de Saint-Bonnet, ils en ont laissé de côté plus d'une trentaine, quitte à en prendre quelques autres ailleurs. Notons qu'ils ne se réfèrent pas expressément à Montferrand, pas plus d'ailleurs qu'à Saint-Vallier.

La charte de Besse débute par le même préambule que celle de Montferrand, c'est-à-dire qu'elle mentionne Montpellier, Le Puy et Souvigny, mention qui ne se trouve ni dans Saint-Vallier, ni dans Saint-Bonnet; mais elle reproduit ensuite textuellement la charte entière de Saint-Vallier, avec quelques variantes insignifiantes, quelques suppressions (notamment l'article 31 en entier) et une interversion (l'article 36 est après 39, ce qui correspond d'ailleurs à l'ordre de Saint-Bonnet et de Montferrand que Saint-Vallier paraît avoir altéré arbitrairement). Plus loin, Besse se rattache à Montferrand, et on y retrouve plus ou moins exactement les articles suivants de notre charte de coutumes : 81, 82, 88, 90, 92, 93, 101, 103, 104, 105, 86, 84, 85 et 106. Cette liste indique les lacunes et les transpositions. Il y a çà et là quelques articles de Besse qui ne se figurent pas dans Montferrand. Parmi ces ajoutés, trois au moins se retrouvent en termes équivalents dans Saint-Bonnet.

SAINT-BONNET.	BESSE.
35. Qui faillira de la gaita, **VI** d. s'en a a reemer al cuminal a la queria que om l'en faria, e le cuminals deu faire la gaita per aquil que failliria.	Qui faliria de la gaita, **VI** d. s'en a a reimer al cuminal a la quiri que hom lb en faria, e que hom fassa la gaita per lor cors al somos que lo cuminals en faria.
45. Qui met fuéc a S. Bonet o multre o l'i fai metre e n'era proas, es encorrogus ves lo seignor, e jamais no deu esser a S. Bonet si per la volonta al seignor non era e dels cossols.	Qui foc met a Bessa a murtre o li fai metre e en seria proaz, es encoregutz ves B. de la Tor, e jamais no deu tornar a Bessa per sagrament.
55. E qui faillira nengun d'iques establimenz, deu esser contra lui per sacrament toz le cuminals.	E qui falhiria negun d'aquez establimens, deu esser encontra lui totz lo cuminals.

En outre, plusieurs articles qui se trouvent à la fois dans Montferrand, dans Besse et dans Saint-Bonnet montrent qu'il y a un rapport plus étroit entre Besse et Saint-Bonnet qu'entre Besse et Montferrand. Citons un exemple :

MONTFERRAND.	SAINT-BONNET.	BESSE.
105. Lo comps a donat e altreat al cuminal de Monferrant que meton cossols tots temps mais chascun an.	49. Lo seigner de S. Bonet a dona e autreia al cuminal de S. Bonet que totes ores qu'il volrant metunt cossols tot temps mais...	En B. de la Tor a donat e altreiat al cuminal de Bessa c'a totas las vesques volrant meton cossols tos temps mais.

D'autre part, il y a quelques cas plus rares, où Besse est d'accord avec Montferrand contre Saint-Bonnet : ainsi à l'article 86 (Saint-Bonnet, 33) Besse a *esseparia* et non *deserataria* comme Saint-Bonnet. En résumé, la charte de Besse procède à la fois de Montferrand, de Saint-Vallier et de Saint-Bonnet. Ajoutons que le texte publié par Baluze est assez médiocre : l'article 66 de Montferrand n'y est représenté que par les deux premiers mots, sans que rien dans l'édition indique une lacune. M. Rivière s'est borné à reproduire le texte de Baluze avec de nouvelles fautes d'impression et un gros bourdon typographique qui a fait disparaître l'article qui correspond à 45 de Saint-Bonnet.

La coutume latine de Riom traduit à peu près le préambule de Montferrand en substituant précisément le nom de Montferrand à celui du Puy dans l'énumération des modèles. Elle continue ensuite, faisant par-ci par-là quelque addition ou quelque restriction, à traduire le texte de Montferrand jusqu'à l'article 83 ; à partir de là, elle ne reproduit que les articles suivants : 88, 100, 102, 92, 101, 95, 103, 104, 105, 124, 106, 108, 109, 110, 118, 119 et 94. Dans l'ensemble, trente et un articles sont supprimés, cinq ou six ajoutés. Ce qui est particulièrement curieux, c'est de constater plus d'une fois l'accord de Riom avec Saint-Vallier, Saint-Bonnet et Besse contre Montferrand. En voici un exemple frappant :

MONTFERRAND.	RIOM.	SAINT-VALLIER, SAINT-BONNET ET BESSE.
8. Si hom i prent peazo, deu i bastir dins un an o la deu claure e pois que aura estat bastida o clausa, sitot li chausa s'aerma, ges per aquo no la pert, ab que paie lo ces al senhor.	Quicumque acceperit vel habuerit pedam in dicta villa et non edificaverit et clauserit eam infra annum et diem, amittit eam.	Si hom i prent peazo e bastit noi a al chap d'un an en que om pogues estar, pert la.

Il y a plus. Tel article de Riom qui ne se retrouve pas dans Montferrand figure dans Saint-Vallier, Saint-Bonnet et Besse. Tel est le cas pour le suivant :

Quicumque venerint mansionem facturi apud Riomum, debebunt ibi stare et manere securi quamdiu parebunt juri ad usum et consuetudinem ipsius ville; si vero noluerint parere juri et justicie, nos et successores nostri debemus eos conducere et guidare...

En regard de ce texte, mettons les textes romans; on sera frappé surtout du rapport entre Riom et Saint-Vallier :

SAINT-VALLIER.	SAINT-BONNET.	BESSE.
6. Tuit iquil omen qui i vendriunt per istatge, quals que om sia, per tort quo aia fait, si dreit vol faire, no sera destretz ; si no vol faire d'aqui a VIII jornz, quites s'en ire per lo poer del comte ab son aver.	5. Tuit iquil ome que i venriont per istage, per tort que aiunt fait, dreit fasent o dreit prenneu', los deu lo seigner amparar.	Tuit aquilh home que i vendriont per estatge, per tort que aia (sic) fait, si dreit vol faire, no sera destreiz.

Que conclure de là ? Que les rédacteurs de Riom ont connu le texte des coutumes de Saint-Vallier ? J'ai peine à le croire. N'y aurait-il pas eu des coutumes de Montferrand une rédaction différente de celle que nous possédons, laquelle, dans les cas analogues à celui que nous venons de signaler, serait la source commune de Saint-Vallier, de Saint-Bonnet, de Riom et de Besse ? Quelque découverte nouvelle pourra seule nous l'apprendre.

Signalons maintenant quelques filiales qui ont échappé à M. Teilhard de Chardin ; il est probable que la liste s'en allongera au fur et à mesure que nos connaissances de l'histoire communale deviendront plus profondes.

En 1248, la petite ville de Pont-du-Château devait recevoir comme Riom les coutumes de Montferrand, puisqu'il y a au Trésor des Chartes une minute à son nom, absolument identique à la charte accordée cette année-là à la ville de Riom ; mais ce ne fut probablement qu'un projet[1]. L'année suivante,

1. V. *Layettes du Trésor des Chartes,* n° 3756, t. III, p. 64.

Pont-du-Château reçut les coutumes de Saint-Pierre-le-Moutier, et en 1270 l'*Alphonsine*.

Au mois de février 1266 (n. st.), Hugues XII de Lusignan accorda à Chénérailles (Creuse) les coutumes de Montferrand : le texte provençal nous est parvenu dans un vidimus de 1279 ; il est absolument identique à celui de Montferrand, sauf qu'il renferme un article supplémentaire de deux lignes. M. L. Duval a le premier publié la coutume de Chénérailles dans ses *Chartes communales et franchises locales de la Creuse*, ouvrage inachevé, et il a eu le mérite de signaler l'identité des coutumes de Chénérailles et de Lapeyrouse. Malheureusement, son édition est très fautive (il a lu, par exemple, *Montauban* au lieu de *Montferrand* à l'article 121). On trouvera un texte correct et un fac-simile de la charte de Chénérailles dans le *Musée des archives départementales* publié à l'occasion de l'Exposition universelle de 1878. Nous pouvons signaler, à propos de Chénérailles et de ses rapports avec Montferrand, une très courte, mais très curieuse pièce inédite qui se trouvait au dix-septième siècle dans les archives de Chénérailles, où elle a été copiée par un correspondant de Gaignières : c'est une lettre des consuls de Montferrand donnant une sorte de consultation juridique aux habitants de Chénérailles.

Voici cette pièce :

Li prodome de Monferrant el cuminals e li cosol saludont los homes de [la] villa nova de Chanaleillas, et fam vos assaber que vos no deves segre l'evesque de Lemotjas en cumuna ni lo seu senoralge en ost ni en chavaljada forsadament per l'utzage de Monferrant [1].

Cette lettre n'est pas datée, mais tout indique qu'elle est du treizième siècle et d'une époque voisine de l'année 1266, où Chénérailles reçut sa charte de franchises, qui est une vraie charte de fondation [2].

Ant. THOMAS.

---

1. Bibl. nat., Lat. 17446, f⁰ 395. — La copie de Gaignières porte *debves*, — *Lemotzas*, — *lo scis*, — *chavalizada*.

2. M. P. Meyer a signalé dans la charte de Saint-Germain-Laval (La Mure, *Hist. du Forez*, t. III, pièces suppl., p. 68) la formule finale : *secundum*

COUTUMES DE MONTFERRAND

Nos fraires Hugos humils habbas de S. Aliri de Clarmont e nos fraires Peire humils abbas de S. Andreu de Clarmont fam assaber a tots aquels que veirant o auzirant aquesta prezent chartra que nos vegem e auzimes una altra chartra ses razura, ses tranchadura & ses tota altra corruptio, sailada del sael En Guichart de Beljoc, senhor de Monpanseir & de Monferrant[1], lhi quals chartra era escriuta en aquesta maneira que s'ensec.

En nom de Deu, del Paire e del Filh e del Saint Esperit, amen. En Guilhelmes lo coms de Clarmont e sa maires lhi comptessa doneront la vila de Monferrant, a tots los homes e a totas las femnas que maizos i penriont ni i auriont ni estariont en la vila de Monferrant, bos uzatges e bonas cosdumnes, las melhors que hom poiria trobar a obs de borzes a Monpesleir o al Poi o a Salvanhec o en altras bonas vilas e los bos uzatges que hom trobaria a obs de borzes.

1. Las peazos que foront donadas al chami devont aver xvi brassa de lonc e viii brassa d'ample.

2. Las altras fors del chami, xii brassa de lonc e vi brassa d'ample.

3. E chascuna peazos dona al senhor l'an Iª quarta de froment vendent & comprant, enaisi com es talhada lhi carta en la peira josta la chapela.

4. Vers es que lo senher acesset de las plassas & de las peazos·a deners e a mais de froment e a meins que non est (*sic.* deit desus, e alcunas majors o menors que non es deit desus)

---

usus et consuetudines villarum Biliomi, Montisferrandi... Mais cet appel à la charte de Montferrand ne s'applique qu'aux cas non prévus par le texte de Saint-Germain-Laval, lequel ne se rattache pas directement au nôtre.

1. Le ms. a ici et presque partout *Monferr* avec un signe d'abréviation; mais le mot est écrit en toutes lettres à l'article 121.

COUTUMES DE MONTFERRAND

VIDIMUS DU 9 SEPTEMBRE 1273

(Arch. Comm. de Clermont-Ferrand)

5. E si contens era entre lo senhor e aquels que portont las peazos, aquel cui hom en demandaria re deu jurar sobre sains que ab aital ses la lhi dones lo senher o sos bailes, o que ab aital ses li fos altreada quant la compret.

6. E si l'avia de son patrimoni o per eretatge, el deu jurar sobre sains que el eilh seu l'ant portada x ans o plus ses veda de dreit e deu en esser creuts per son sagrament e remaner en pats per l'uzatge de Monferrant.

7. E negus hom ni neguna femna que maiso i aia no dara ja lesda d'aver que venda que seus sia.

8. E si hom i prent peazo, deu i bastir dins I an o. la deu claure, e pois que aura estat bastida o clausa, si tot li chausa s'aerma, ges per aquo no la pert, ab que paie lo ces al senhor.

9. E si hom estrains i venia estar cui hom apeles de servitut e non es seguts dins I an e I jorn, des aqui en sai pot remaner en la vila coma altre francs hom e non es tenguts a respondre mas a l'uzatge.

10. E tuit aquilh home & totas las femnas que lor aver metrant ni comandarant a Monferrant per pats ni per guerra que lo coms aia am lor ni am lor senhoratge no lo perdrant, que salve e quiti l'en portarant.

11. E tuit aquilh home que a Monferrant aurant maisos per neguna guerra no las perdrant, ni a anar ni a venir no devont aver regart del comte ni del (*sic*) seus.

12. Qui sa maizo vendra dara dels xx sol. xii d. de vendas, e am las vendas o a a altrear lo coms.

13. E qui sa maizo enguatga, lo coms o a a altrear ses aver c'om lh'en do.

14. Las peazos que lo bailes dona a Monferrant e los altreis que i fai, que al compte apertenont, donat e altreat es com si lo coms o donava.

15. E tuit aquilh home que maizos ant a Monferrant las podont donar e vendre a tots homes e a totas femnas, fors a sains e a morgues e a chanonis e a chavaleirs e a sirvens : aquist no i devont aver maizo per l'uzatge de la vila, et si l'i aviont, devont en far l'at de la vila coma lh'altre à l'uzatge.

16. Lo coms nilh comtessa ni hom per lor no ant a Monfer-

rant alberjatge ni tolta ni talha ni quista ni compra forsadament, ni no devont home guidar que tort aia fait a home de Monferrant ses l'acort dels cosols.

17. Lo coms Guilhelmes e li comtessa sa maires doneront lo mosteir de Monferrant Saint Robert & lo semeteri, per tal covent que hom de Monferrant ni femna no i done seboltura, mas tant com volra.

18. Em (*sic*) clam, iii sol.

19. En colbe d'ome o de femna, que seria faits iradament, dont lo coms o sos bailes auriont clam, a lo coms LX sol a sa marse quant er garentit.

20. E si batalha es fermada a Monferrant en la cor (*sic*) al comte, pois que auriont jurat, a i lo coms LX sol a sa marse d'aquel ques recreiria.

21. D'ome qu'estai a Monferrant no deu levar lo coms loita [1] de plait.

22. Qui intra en altrui ort ni en altrui vigna de Monferrant per mal faire dara ii sol. o la dent al comte e a la proa xii den.

23. E si mescla i es faita e hom i trai glai iradament per la mescla, LX sol. i a lo coms quant ert guarentit.

24. E si a Monferrant ve falsadre que port moneda falsa e n'enjanava home son essient, lhi falsedats es al compte.

25. E si home de Monferrant n'avia enjanat, deu lhi redre lo comps son chaptal.

26. De liura falsa o de marc fals, qui i vent ni qui i compra son essient e n'es proats, LX sol. a la marse al compte.

27. D'alna falsa, vii sol.

28. De mesura de vi falsa, vii sol.

---

1. Le texte de Chénérailles et celui de Besse sont identiques; Lapeyrouse porte : « ne doet lever li sires ne los ne plaet », altération manifeste. M. L. Duval croit que « loita de plait » désigne le droit payé pour l'exemption du service de plait, et il voit dans *loita* une altération de *lesda, leudis*. Au point de vue phonétique, cela est impossible : *loita* ne peut être que le substantif verbal de *loitar*, lutter. Le sens est d'ailleurs assuré par la charte de Riom, où on lit: « loytas sive expensas »; de même dans la coutume de Montbrison (La Mure, *Hist. du Forez*, t. III, pièces suppl., p. 57) : « lotles sive expensas cause ». C'est ce que nous appelons les dépens [A. T.]

29. De carta falsa, VII sol.

30. De lesda retenguda, VII sol., si no la paia dins VIII jorns.

31. En chaval e en egua e en mul e en mula, IIII den. de lesda, qui lo vent.

32. D'ane (*sic*), I den.

33. De bou, I den.

34. De vacha, I den.

35. D'una dotzena de moltos o de chabras, I den.

36. En I coir, mealha.

37. D'una dotzena de pels de chabras, I den.

38. Drapers e ferrers e pelhisers e cordoaners e coirers e sabaters o altre merchaders que a merchat ni a feira venria dara chascus VI den. l'an, so es II den. chasque feira.

39. Si merchaders venia a Monferrant e deslia e no i vent, no dara ja lesda.

40. Us peisoners, IIII den.

41. Una charretada de peissos, VI den.

42. Una charrada de madeira, I den.

43. De charrada de sercles, una faissa.

44. De charrada de lenha, II futs. (*sic*).

45. De charrada d'olas, I den.

46. De char, qui lo vent, I den.

47. Una saumada de fruta, mealha.

48. Qui vent fromatges dara I fromatge l'an o VI den.

49. D'una mola, II den.

50. De totas anonas, dal sesteir Iª copa de lesda, e las oit fant la carta anaisi (*sic*) com es talhada lhi carta en la peira josta la chapela.

51. Tots hom & tota femna que sunt de l'uzatge de Monferrant, si s'en volont anar estar en altre loc, podont o far salve e quiti, sis volont, ilh e las lor chauzas, & lo senher las lor a a guidar XL jorn (*sic*) fors de la vila de se e deus seus per sa terra, e aquelas que remanriont dins la vila de Monferrant devont esser seguras tant quant ilh en volriont estar a dreit a l'uzatge.

52. Si lhi cossol voliont levar deners de la vila per l'at de la vila e i avia degun home que s'en defendes, lo bailes o sos

comandament (*sic*) devont ostar la forsa d'aquel a la requesta
dels cossols.

53. Tots hom que deu lesda, la deu donar[1] al lesdeir o a
son comandament avans que passe la vila.

54. En tot sanc que seria faits iradament am glay o am
basto o am peira ha lo senher LX sol. pel colbe e LX pel sanc,
quant seria proat.

55. Lo lesders que porta la carta no deu lojeir penre per la
carta bailar, mas la lesda.

56. Els molis de Monferrant hant a molre lh'ome & las femnas de Monferrant lo sesteir per Iª copa oitenal, e no deu
donar ajudatge, si nolh ajuda, e silh ajuda, dara lhi per
l'uzatge dels molis de Clarmont.

57. De fornatge, I den. del sesteir.

58. En escussers e en selers e en freners, VI den. l'an, so es
a dire II den. chasque feira.

59. En una floissina[2] de ros, I den.

60. En I cot e en Iª tela que hom porta a son col, I den., si o
vent; e si o vent a estazo, VI den. l'an, so es II den. chasque
feira.

61. En sera, I den., e qui la vent a estazo, II den.

62. De coltels e de forces e de enaps e d'escudelas, II den.

63. En I baco, I den. qui lo vent.

64. En mazeleir, III coissas de vacha l'an o II sol.

65 Paneters que non ha maizo a Monferrant, III denaira-
das de pa l'an.

66. Qui aver deu a home que a maizo a Monferrant, pot
s'en gatjar a tots jorns e a merchat e a feira.

67. E si hom ni femna s'en fui am l'aver d'ome de Monferrant en altra vila, segrant lo lai e clamarant o al senhor de la
terra, e si el no lor en vol dreit faire, guatjarant s'en pels
homes d'aquel senhoratge, e lo comps deu los en segre.

---

1 *Manuscrit* sonar; *Chénérailles* donar.

2. Ce mot manque dans le *Lexique roman* de Raynouard. La charte de
Besse a *floissena;* celle de Riom, *fluynam.* Il s'agit de couvertures d'oreil-
ler, et le *ros* doit être une sorte de coutil (*cf.* Du Cange, vº *fluma* et
Mistral, vº *flausino.* [A. T.]

68. E si hom estrains merchada aver a Monferrant, hom que maizo auria a Monferrant, si ven a aques (*sic*) merchat, o altre hom que sia de l'uzatge, aura i sa part sis vol, e l'estrains non aura ja part el seu merchat.

69. Qui compra aver en maizo de Monferrant e cel cui es li maisos o sos messatjes i demandava part, aura l'i coma us dels altres.

70. Qui dona guahang a home de Monferrant o lo lhi promet o lhi fait covenent, ses forsa que hom no lh'en fassa, aura lo, e pois no lh'en pot re demandar a l'uzatge.

71. Qui fai jurar home que sia de l'uzatge de Monferrant per guarentizia, dara lhi iii sol. e iiii den. als sains.

72. Chamnador (*sic*) no deu hom guatjar a taula ni des la taula troscha sa maizo.

73. A Monferrant no deu hom penre home si fiansa vol donar, ni nol deu hom guatjar de sos vestimens en charreira.

74. Qui guatge prent a Monferrant per son aver o per sa fiansa, tenra lo viii jorns part son terme e pois vendra lo a l'uzatje, e se mais en prent, redra lh' o, e se meins en prent, querra lh' o.

75. Si hom qu'es de l'uzatge de Monferrant fai alcuna laida chauza, el se deu afiansar ves lo senhor sobre sas chauzas o, si mais i atagnia, al regart del baile e dels cossols.

76. Qui fai espoizo[1] a Monferrant, ja tan grans no sera que ja do, s'el vol, mas i sesteir de vi.

77. D'esfulhia[2] no fai hom dreit a Monferrant, mas si malvats hom o malvaza femna esfulhiava prodome o prosdefemna, de (*sic*) ho demonstrar al compte o a son baile, e ilh devont o faire esmendar am lo cosseilh dels cossols.

78 Lo pejairos dona l'an de lesda iias massas de peja.

---

1. *Espoizo,* qui manque dans Raynouard, correspond au latin *sponsionem* et signifie « gageure ». Cf. Riom : « Quicumque fecerit *espoizo* apud « Riomum, ille qui se retrahere voluerit, quantacumque sit *sa espoizo,* « non dabit propter retractionem illam præterquam unum sextarium vini « nisi voluerit. » Lapeyrouse a *espison,* forme dont on trouve un autre exemple dans le dictionnaire de M. Godefroy. [A. T.]

2. *Manuscrit* desfuslhia.

79. Lo salners, del sesteir Iª manada de lesda e altra de terratge.

80. Qui enjana home a Monferrant ni femna de merchat, que l'enjans sia per tersa part, si dins VIII jorns s'era grauzat (*sic*) aquel que seria enjanats del merchat, deu aver cobre, o des aqui en lai es lo merchats tenguts.

81. Negus hom qu'estai a Monferrant ni neguna femna, per forfait que fassont lor efant ni lor parent ni hom ni femna de lor conduit ni lhi molher, si hom l'a, no i devont aver dan, si non sont cossent (*sic*), e qui re lor en demandaria, devont en esser creut per lor sagrament.

82. Qui porta maizos ni terra que meva (*sic*) del compte x ans a Monferrant ses veda de dreit en la cort al compte, soa es per l'uzatje de Monferrant.

83. Negus hom de Monferrant non a a segre lo compte en ost ni en chavaljada, mas per son deseret, e si el o fazia, no los deu menar mas tant que poschont lo ser esser tornat a Monferrant.

84. Negus hom de Monferrant nos deu penre am lo compte ni am son baile per que sos vezis perda son aver ni son cors, ni covenens que i agues fait no i deu remaner per forsa faire a sos vezis.

85. E si lo comps o sos bailes y prendia forsadament home o sas chauzas part uzatge, tuit l'en ant a segre per sagrament.

86. E qui esseparia home ni femna de Monferrant que volgues dreit faire, c sol. i deu ajudar lo cuminals a destruire lo malfaitor e no deu pois tornar a Monferrant ses lo comant del senhor e ses l'acort dels cossols.

87. E si negus hom i prendia home de Monferrant o son aver, si pe (*sic*) guerra desfiada non era, lo coms ni altres no lhi deu guidar; e si l'i trobava aquel cui lo torts seria faits, pot lo arestar, e lo senher e tots lo cuminals deu l'en segre.

88. Si degus hom ni deguna femna de Monferrant era encorreguts ves lo compte, si deu aver ni a comanda, deu o redre prumeirament e la remanens es al compte a sa marse.

89. Lo comps no deu metre a Monferrant rotas ni gens

estranhas ses l'acort dels cossols, e si el o fazia, contra l'uzatge seria.

90. Tots hom e tota femna que venria a Monferrant per merchandaria deu esser segurs e guidats el e li soa chausa pel compte e per la vila, si depte no i deu o fiansa no i a faita.

91. Si hom de Monferrant guida home de fors, ses aver que non prenda, am l'acort de (*sic*) baile e dels cossols, guidats deu esser pel compte e per la vila.

92. E quant lo comps metra son baile a Monferrant, el lo deu redre per se o per sas letras pendens dins Monferrant e lhi deu faire jurar sobre sains, en la ma dels cossols, que lealment mene la vila a l'uzatge am lo cosseilh dels cossols, e sobre lo baile lo senher no deu metre home que i fassa forsa ni guatje home de Monferrant.

93. E si femna molherada cuminals venia a Monferrant per putatge, hom que no auria molher que jairia am lhes (*sic*) non es tenguts ves lo compte.

94. Totas las chauzas que hom [no] trobaria escriutas en la chartra ò el lhibre dels uzatjes de Monferrant devont esser acordadas, aordenadas o jutjadas pel senhor e pels cosols.

95. Hom de Monferrant ni femna non es tenguts de respondre davant lo senhor ni davant son baile si non aus son clamiu [1].

96. E d'ajornament que seria faits per lo baile o per son comandament a home de la vila [2], si i a desacort de l'ajornament, l'om de la vila deu esser creuts per son sagrament, si es ajornats o no.

97. Lo coms no deu metre rotas ni altras gens a Monferrant per dan de la vila, e si o fazia, contra l'uzatje seria, ja sia so que d'altrament sia deit [3] desus.

---

1. *Clamiu*, qui n'est pas dans Raynouard, correspond à l'ancien français *clamif* et signifie « plaignant ». Chénérailles écrit *clamiou*.

2. *Manuscrit* uilai.

3. Forme rare pour *dit;* c'est la forme régulièrement dérivée du latin; elle se retrouve aux articles 4 et 115 et dans les formules finales [A. T.]

98. Quant ve clama[1], davant lo baile de Monferrant gua-
rentida deu esser li clama per lo baile amb un dels cossols.

99. Qui o fai a altrui molher e n'es proats, lhui e lheis deu
hom corre per la vila, e es ateins de LX sol. ves lo senhor a sa
marse.

100. Si hom de Monferrant gatjava home de fors son deptor
o sa fiansa e el menava gens am lo coseil del compte o de son
baile e colbes i era faits o homs i era morts, non es tenguts
ves lo compte.

101. E si hom s'en fui am l'altrui molher ni femna am l'altrui marit, no devont tornar a Monferrant trosque am l'acort
dal (*sic*) senhor e dels cossols.

102. Si gens veniont a Monferrant per[2] mal faire o per guatjar e home de Monferrant i issiont e colbes i era faits o hom
i era morts, non son tengut ves lo compte.

103. Los engets[3] e los guatjes que lo comps metria a Monferrant devont esser tengut, e no i deu forsa faire per l'uzatje
de Monferrant.

104. Lo comps ni sos bailes no devont alongar los plaits de
Monferrant per amic ni per enemic ni per aver.

105. Lo comps a donat e altreat al cuminal de Monferrant
que metont cossols tots temps mais chascun an.

106. L'avers que lh'ome de Monferrant auriont al poder del
compte o de sos amics, el lo deu guardar e tener segur, e si
l'aviout en la terra de sos enemics e el lo prendia[4] oilh seu o
sos poders, redre lo deu a aquel cui seria.

107. Si lo comps ni sos bailes ni altres hom dels lor acuza-
vont negun home de Monferrant d'alcuna chausa, lo bailes ni
sa mainada ni hom de son conduit no son bon en guarentia ni
devont esse (*sic*) creut.

108. Tots hom de Monferrant que deuria re a altre home de

1. Forme féminine, qui n'est pas dans Raynonard, pour *clam*, plainte.
Chénérailles a *plainhta*.

2. *Manuscrit* pel.

3. *Enget* (Chénérailles, *engiet*) manque dans Raynouard; il est à peu
près synonyme de « gage », et vient du verbe *engitar*. (V. Leroux, Moli-
nier et Thomas, *Doc. sur la Marche et le Limousin*, t. II, p. 311.)

4. *Manuscrit* prendria.

Monferrant, si no podia paiar, deu vendre de las soas chausas per l'esguart del baile e dels cossols pe (*sic*) apaiar son depte, e si no troba cui las venda, aquel cui el deu lo depte las deu comprar a l'esguart del baile e dels cossols & lo depteires las lhi deu altrear al lor esgart.

109. E si hom de Monferrant que a molher e efans era ateins ves lo compte per neguna re, lhi molher no deu perdre sa chansera per tort que sos marits fassa ni sei efant.

110. Si fraire ni serors eront remazut ses partir e negus d'aquels era forfaits ves lo compte, lhi partida dels altres non es tenguda, mas lhi frairescha d'aquel que auria fait lo forfait.

111. Lo senher de Monferrant no deu abandonar que l'us vezis aussija l'altre, e si el o abandonava, non es tenable, e aquel que penria lo covenent non es de l'uzatge de Monfer-rant, ans es escorreguts ves lo senhor e ves la vila.

112. E si contens era del ses del senhor amb home de la vila, e l'om de la vila metia en son sagrament que l'agues paiat, el deu esse (*sic*) creuts per son sagrament.

113. E si lo comps nil comptessa ni lor bailes ni hom dels lor faziont re part usatge ves los homes o ves lo cuminal de la vila, lo comps o deu faire adobar al regart de sa cort am lo coseil dels cossols.

114. Si contens avenia entre fraires e serors o nebots o nessas o altres parens de frairescha que l'us demandes a l'altre, pois que auriont estat de per se l'us de l'altre X ans, no podont demandar frairescha, e si o faziont no devont esser auzit, sinon per tal cas que no fos d'eatge que non o pogues [1] demandar, o si non era en la terra.

115. Si hom metia en fiansa o en deita [2] home de Monfer-rant, si aquel que auria fait la fiansa o la deita en volia esser quitis, aquel que lhi auria mes l'en deu gitar al somos que l'en faria, pois que lo termes, se i era, seria passats.

---

1 *Manuscrit* poges.

2 Chénérailles *dieta*. Malgré cela, je ne crois pas, comme M. Duval, que nous ayons afaire au bas-latin *dieta*, ajournement. Il faut voir dans *deita* un substantif participial de *dire* (cf. art. 97, *note*); le sens paraît être « témoignage ». [A. T.]

116. Negus hom de Monferrant non es en la marce del senhor dal cors et de l'aver fors per tres chauzas : per homicidi, per murtre e per laironissi, e aquestas tres chauzas devont esse (*sic*) ateintas per l'uzatje de la vila[1] e deu asegurar sobre sas chauzas, e si no las a, asegurara al regart del senhor e dels cossols.

117. Tots hom e tota femna que seria trobats en l'altrui guast deu II sol. al senhor o la dent e XII den. a la proa, salv lo gast a aquel que auria pres lo dan.

118. Lo senher de Monferrant no deu forsar home ni femna de portar guarentizia.

119. De cas d'aventura non es hom de Monferrant tenguts ves lo senhor per l'uzatje.

120. Negun home ni neguna femna de Monferrant no deu lo senher ni sos comans guatjar ses arrazonar, ni tant quant volra faire dreit a l'uzatje.

121. Negus hom ni neguna femna de Monferrant, que i esteuga (*sic*), no deu donar peatje d'aver que seus sia en la vila de Monferrant.

122. Negus hom ni neguna femna de Monferrant no devont esser ajornat per plait ni per neguna re que a plait torn fors de la vila, a[n]s los deu hom atenher dedins la vila de Monferrant, lo senher o sos comans, a l'uzatje[2].

123. Tots hom que auria guarda o manbor, si hom lh'en demandava re, deu en esser creuts del moble per son sagrament, e deus tenemens deu en aremaner pel regart del senhor e dels cossols, qui re lh'en demandaria per l'uzatje.

124. Si hom de Monferrant trobava home de noits en son forfait crebant sa maizo o son obrador, ni emblant la soa chauza, ni essepant son blat ni sa vinha ni sos arbres[3]..... lo

1. *Manuscrit* uiala *avec* a *exponctué.*
2. *Manuscrit* uzatige.
3. Quelques mots ont dû être passés ici, comme l'indique le contexte, probablement e *l'aucizia* (et le tuait), à moins qu'on ne suppose qu'au commencement de la phrase il faut lire *aucizia* au lieu de *trobava*. Chénérailles et Lapeyrouse ont un texte identique au nôtre, ce qui montre que la faute se trouvait déjà dans le vidimus de 1248, peut-être même dans l'original. [A. T.]

bailes eil cossol devont esgardar quals es lo forfaits, ni qui era
lo morts, ni quaina fama avia, e d'aquel qu'arema vius, devont
esgaitar qui es, ni quaina fama ha, e devont esgaitar cal pena
en deu portar, ni qual dan i deu aver a l'uzatge de la vila.

125. Lo senher de Monferrant ni sos bailes no deu sazir
chauza d'ome ni de femna que murria a Monferrant, quant i
auria ereters que volriont faire dreit denant lhui a l'uzatje de
la vila, e si non i avia ereteir, e el en fazia laissa o do o l'en
avia faita, es tenable; mas si el muria desperset[1] (*sic*) e ses
cofessio, lhi soa chauza de (*sic*) esse (*sic*) al senhor per l'uzatje
de la vila.

Tots aquest uzatjes e aquestas cosdumnes que sont escriutas en aquesta chartra eu Guicharts de Beljoc, senher de Monferrant e de Monpanseir, hai altreat, cofermat e jurat per me
e pels meus a tener et a guardar aus homes e a las femnas de
Monferrant a tos temps e no venir encontra. E tot aisso
mezeus a volgut e altreat Guischarts mos filhs l'annatz per ma
volontat e per mon cossentiment a tener e a gardar. E en guarentizia d'aisso, eu lodeils Guicharts paires, per so qu'aiso sia
plus ferm e estable a tost (*sic*) temps, hai sailada aquesta
prezent chartra de mon sael. Aisso fo fait e acordat e aorde-
nat l'an MCC e XL e VIII al mes de feureir, el jorn de l'oitava
de la Purificacio de Nostra Dona Sainta Maria.

Dont nos deit abat tot aisso qu'es deit de sus veguem e auzimes e o temonhem per aquesta prezent chartra, en laqual
nos avem pauzat nostres saels en guarentizia de las davandei-
tas chauzas. So fo donat l'an de Nostre Senhor M e CC e LXXIII,
el mes de setembre, l'endema de la Nativitat de Nostra Dona.

1. Chēnérailles *desesperat*. La forme donnée par notre texte pourrait
être considérée à la rigueur comme un diminutif de *despers*, participe de
desperdre, dont le sens est analogue à celui de *desesperat*. Il nous paraît
cependant plus probable que c'est une simple faute de scribe, et que Chēnérailles a la leçon primitive.   [A. T.]